KB267608

왜 이런 이름이 생겼을까?

글쓴이 **박영산**

말과 글, 소리와 글자의 관계를 늘 궁금해합니다.
노랫말을 쓰고, 노래를 부르고, 이야기를 만들고 읽으며 모든 것의 이름을 공부합니다.

그린이 **이형진**

전라북도 정읍에서 태어나 서울에서 그림 공부를 했습니다. 만화책과 이야기책을 좋아합니다.
만화 그리기도 좋아하고, 글쓰기도 좋아합니다. 《끝지》, 《비단치마》, 《흥부네 똥개》를 쓰고 그렸고,
《알고보니 시리즈》, 《코앞의 과학 시리즈》를 글도 조금 쓰고 그림도 그렸습니다.
관악산 아래 이층집에서 여러 명 가족과 고양이 모죠도 함께 살고 있습니다.

왜 이런 이름이 생겼을까? 동물2

초판 1쇄 발행 2021년 12월 10일
글쓴이 박영산 | **그린이** 이형진
사진 Andrew Mercer(표지, 31쪽), Brian du Preez(64쪽), Roberto Pillon(72쪽), Tomarin(75쪽), Andshel(80쪽)
펴낸이 홍성우 | **책임 편집** 이정은 | **디자인** 조은화, 박두레
펴낸곳 기린미디어 | **등록** 2016년 4월 26일 제 409-2016-000009호 | **제조국** 대한민국 | **사용 연령** 8세이상
주소 경기도 김포시 모담공원로 17 | **전화** 0505-302-2381 **팩스** 0505-300-2381 | **전자우편** girinmedia@daum.net

ISBN 979-11-91142-36-5 74700 979-11-91142-32-7(세트)

우리가 몰랐던 **동물** 이름의 유래

왜 이런 이름이 생겼을까?

박영산 글 이형진 그림

기린미디어

넌 이름이 뭐니?

우리가 어떤 친구를 처음 만났다고 해 봐. 그러면 서먹서먹해서 공연히 딴 곳을 쳐다보다가, 무슨 말을 할까 재빨리 머리를 굴리겠지? 그리고 얼른 이렇게 말할 거야.

"안녕, 넌 이름이 뭐니?"

우리가 어떤 물건을 처음 봤을 때도 비슷할 거야. 그 물건에 대해서 아는 것이 아무것도 없을 때, 우리는 '이름'부터 궁금해하잖아. 어떤 사물의 이름을 아는 것은 그 사물과 친해지는 첫걸음이야.

이 세상에는 헤아릴 수 없이 많은 것들이 있어. 사람, 동물, 식물, 음식, 나라……. 그리고 이 모든 것들은 저마다 이름이 있지. 이 책은 우리에게 익숙한 동물이나 식물, 지역 등의 이름에 대해 쉽고 재미있게 풀이하고 있어. 이 책을 읽다 보면 틀림없이 '발견의 놀라움'과 '앎의 기쁨'을 느끼게 될 거야.

어떤 사물의 이름이 어떻게 생겨났는지를 알면 그 사물에 대해 관심이 생기면서 좀 더 깊이 들여다보게 돼. 그리고 그 과정에서 그 사물과 다른 사물들의 관계도 보이게 되지. 그러다 보면 저절로 세상 모든 것에 대해 탐구심이 생겨나게 돼.

그러니까 '이름 공부'는 곧 '말 공부'고, '말 공부'는 곧 '국어 공부'야. 그런데 생각해 봐. 우리가 학교에서 배우는 과목 중에 '말' 그러니까 '국어'로 되어 있지 않은 것이 있어? '국어'는 단순히 여러 과목 중의 하나가 아니야. 다른 모든 과목을 떠받치는 바탕이지.

자, 그럼 우리 다 같이 흥미진진한 '이름의 세계'로 모험을 떠나 볼까?

차 례

'호'랑 '랑'을 합치면 .... 호랑이 8

강아지, 망아지, 도야지? .... 돼지 15

배를 깔고 기어 봐! .... 뱀 20

나? 굴에 사는 굵은 뱀이야! .... 구렁이 24

나보다 눈 밝은 쥐 봤어? .... 박쥐 29

닭이랑 비교하지 마! .... 비둘기 32

밤을 샜더니 눈이 빼꼼! .... 올빼미 37

다들 조심하라고! .... 상어 41

무시하지 마, 나도 고래야! .... 돌고래 48

이름이 대체 몇 개야? .... 명태 55

어디 한번 날아 볼까? .... 날치 61

나는야 참 좋은 물고기 .... 참치 65

내가 좀 잘나긴 했지! .... 숭어 69

임연수 아저씨, 고마워요! .... 임연수어 73

생긴 대로 불러 줘 .... 생김새에 따른 이름 76

'호'랑 '랑'을 합치면

'호랑'은 범과 이리?

옛날에는 호랑이를 '범'이라고 불렀어. '호(虎)'는 '범'을 뜻하는 한자로, 지금 우리가 부르는 호랑이를 나타내는 말이야. '랑(狼)'은 이리를

뜻하는 한자야. '호'와 '랑'을 합쳐서 '호랑'이라고 했지. 그러니까 '호랑'의 원래 뜻은 '범과 이리'였던 거야.

그러다가 '호랑'이 붙은 채로 쓰이면서 '호랑'이란 말이 '범'만을 뜻하는 말로 변했어. 뒤에 붙은 '이'는 이름에 흔히 붙여 쓰는 말이야.

우렁찬 호랑이 울음소리

고양잇과 동물 가운데 가장 큰 것이 바로 호랑이야. 몸길이는 2미터쯤이고, 어깨 높이는 90센티미터, 몸무게는 240킬로그램이나 된다고 해.

누런 갈색 털로 덮인 몸에는 검은 줄무늬가 있고, 꼬리에는 고리 무늬가 여덟아홉 개 가로로 나 있어. 다리는 굵고 튼튼해서 잘 달리고, 나무도 잘 타.

앞발이 뒷발보다 큰데, 앞발로 치는 힘이 800킬로그램이나 된대. 호랑이는 발을 엇갈리듯이 포개어 일자로 걷기 때문에 좁은 산길도 잘 갈 수 있고, 발자국을 숨길 수 있어서 먹이를 잡을 때 매우 편리하다고 해.

번뜩이는 눈은 아주 멀리까지 볼 수 있고, 울음소리는 다른 동물을 그 자리에 얼어붙게 할 만큼 매우 우렁차지. 동물원에 가게 되면 호랑이 울음소리를 꼭 들어 봐.

호랑이는 혼자 다니기를 좋아하고, 다른 호랑이의 침입을 허락하지 않고 한 마리가 차지하는 텃세권이 3,200제곱킬로미터나 돼. 그래서 먹이를 찾기 위해 하루에 80~90킬로미터나 돌아다니지.

주로 사슴, 영양, 멧돼지를 먹고, 원숭이나 공작, 거북이, 도마뱀, 물고기, 메뚜기까지 먹는대. 배가 몹시 고프면 곰 같은 큰 동물도 잡아먹고, 가축이나 사람을 해치기도 한다니 배고픈 호랑이는 특히 조심해야 돼. 하긴, 이젠 동물원이 아니고는 호랑이 볼 일이 거의 없으니 무서워할 일도 없겠지만 말이야.

우리 겨레와 호랑이

아주 오랜 옛날부터 우리나라에는 호랑이가 많았어. 단군 신화에도 나오지? 곰과 함께 동굴 속에서 쑥과 마늘을 먹던 호랑이 말이야. 우리 친구들도 다 알 거야.

산길을 갈 때나 고개를 넘을 때 호랑이가 불쑥 나타나 사람을 많이 잡아먹어서, 옛사람들은 호랑이를 아주 무서워했대.

하지만 우리 조상들은 언제 나타날지 모르는 무서운 호랑이를 오히려 사람을 지켜 주는 신으로 섬겼어. 우리를 잡아먹지 말고 잘 보살펴 달라는 뜻이었는지도 모르지. 또, 호랑이를 '산중군자(山中君子)'라고 해서 깊은 산속에 사는 점잖은 동물로 여기기도 했어.

우리 조상들이 그린 그림 속에도 호랑이는 작은 동물의 꾀에 속아 넘어가는 우둔한 동물로 익살맞게 등장하곤 했지.

이렇게 우리 조상들은 호랑이를 무섭게만 생각하지 않고 오히려 사람들과 함께 살아가는 친근한 동물로 여겼어.

사라진 한국호랑이

옛날에는 우리나라에 한국호랑이가 살고 있었어. 기운 넘치고 당당한 모습이 정말 대단했다고 해. 귀가 짧고 몸통도 더 커서 참으로 장한 모습이었대. 꼬리도 아주 굵고 길어서 천지를 휘두를 것 같았다지. 터럭도 길고 몸의 무늬도 선명해서 정말 멋있었대.

하지만 안타깝게도 지금은 우리나라에서 호랑이를 찾아볼 수가 없어. 그 많던 호랑이들이 어쩌다 우리나라에서 모두 사라지게 된 걸까? 그건, 일제 강점기에 일본 사람들이 우리나라 호랑이를 마구잡이로 죽였기 때문이야. 사람을 해칠 수 있는 위험한 동물을 잡는다며 호랑이, 반달가슴곰 등을 잡아 죽였거든. 그래서 1921년 경주에서 사살당한 호랑이가 마지막 한국호랑이야. 남한에서는 멸종된 셈이지. 대신, 북한에는 아직 호랑이가 스무 마리 정도 살고 있다고 해.

한국호랑이는 아무르호랑이와 같은 핏줄이야. 시베리아호랑이라고도

부르고 백두산호랑이라고도 부르지. 전 세계적으로 멸종 위기에 처해

있어. 약재로 쓰이는 호랑이 뼈와 호랑이 가죽을 얻기 위해 마구 죽여

서 그래. 인간의 이기심 때문에 동물들이 고통을 받고 사라져 간다는

건 참으로 슬픈 일이야.

호랑이도 제 말 하면 온다

깊은 산에 있는 호랑이도 저에 대해 이야기를 하면 찾아온다는 뜻으로, 어느 곳에서나 그 자리에 없다고 남을 흉봐서는 안 된다는 말이야. 또는 다른 사람에 관한 이야기를 하는데 우연히 그 사람이 나타나는 경우를 이르기도 해. 어쨌든, 내가 없는 곳에서 다른 사람들이 내 이야기를(특히, 안 좋게) 하면 기분이 그리 좋지만은 않잖아. 그러니 남의 이야기는 함부로 하지 않는 것이 좋겠지?

송곳니를 가진 호랑이는 뿔이 없다

누구든지 완벽할 수는 없는 거야. 호랑이를 봐. 날카로운 송곳니를 가지고 있지만, 대신 코뿔소처럼 멋진 뿔은 없잖아? 이처럼 무엇이든 다 갖추기 어렵다는 것을 이를 때 쓰는 말이야.

호랑이

- **다른 이름** : 범, 호랭이, 호래이, 호왈감, 개호주(새끼) 등
- **갈래** : 식육목 고양잇과
- **사는 곳** : 네팔, 인도, 말레이반도, 러시아 등. 깊은 산, 바위가 많은 곳, 물가의 우거진 숲 등에 산다.
- **먹이** : 멧돼지, 산양, 사슴, 노루 등
- **번식** : 한 번에 새끼를 두 마리에서 네 마리쯤 낳는다. 태어난 지 7개월쯤 지나면 젖을 떼고, 한 살이 되면 스스로 먹이를 잡으러 다닌다. 서너 살이 되면 어미 곁을 떠나서 자기 텃세권을 따로 두고 산다.

강아지, 망아지, 도야지?

'도야지'에서 '돼지'로

옛날 고구려 사람들은 돼지를 '도시'라 불렀고, 고려 때에는 '돗'이라고 줄여서 불렀어. 시간이 흘러 조선 시대에는 '돋'이나 '돝'이라고 했지. 이런 돼지의 옛 이름들은 돼지가 우는 소리를 듣고 붙인 거라고 해. 돼지는 꿀꿀거리지? 그래서 요즘은 '꿀꿀이'라고 부르기도 하지만 옛 사람들은 '도도', '돌돌', '또또', '똘똘' 운다고 들었나 봐. 어쩌면 옛날 엔 돼지가 정말 그렇게 울었을지도 모르지.

그럼 어떻게 '돝'이 '돼지'가 되었을까?

옛날에는 돼지 새끼를 부를 때 '돝'이란 글자에 관형사격 조사와 어린 동물을 부를 때 쓰는 '-아지'를 붙여서 '되아지'라고 불렀어. 그러던 깃이 시간이 지나면서 '돼지'가 되었지.

이렇게 이름이 변하며 뜻도 함께 변해서, 원래는 어린 돼지를 뜻하던 이름이 모든 돼지를 가리키게 되었어. 그러니까 '돼지'라는 이름은 원래 돼지 새끼를 부르는 이름이었던 거야.

최치원의 아버지는 금돼지?

통일 신라 시대에 최치원이라는 뛰어난 학자가 있었어. 이 학자의 아버지가 금돼지라는 이야기가 전해 내려오는데, 한번 들어 볼래?

어떤 고을에 새로운 원님이 부임해 올 때마다 부인이 납치를 당했어. 부인을 잃은 원님이 계속 늘어가자, 이 소문을 듣고 용감한 한 원님이 이 고을에 오겠다고 자원을 했지.

이 원님은 자기 부인의 옷자락에 실을 꿰어 놓았어. 다음 날 아침, 원님의 부인 역시 납치당했고, 원님은 부하들을 데리고 꿰어 놓은 실을 따라갔지. 실은 깊은 산속까지 이어졌고, 산골짜기의 커다란 동굴 속까지 가게 된 거야.

그 동굴 속에는 원님의 부인뿐만 아니라 지금까지 납치당했던 여인들이 모여 있었어. 알고 보니 천년 묵은 금돼지가 한 짓이었지 뭐야!

원님은 금돼지가 사슴 가죽을 무서워한다는 사실을 알아내고, 사슴 가죽을 이용해서 금돼지를 무찔렀어.

그런데 집으로 돌아온 원님의 부인이 배가 불러 왔고 시간이 지나 아들을 낳았는데 그게 바로 최치원이라는 이야기야.

여기도 쓰고 저기도 쓰고

사람들은 9천 년 전쯤부터 고기와 기름 따위를 얻으려고 야생 멧돼지를 길들여 기르기 시작했대. 돼지는 식성이 좋아서 튼튼하고 잘 자라는 데다 새끼도 많이 낳지. 온 세계의 돼지 종류는 천 가지가 넘는다고 해.

돼지는 냄새도 잘 맡고 귀도 밝아. 냄새만 맡고도 주인을 알아보고 제 새끼와 남의 새끼도 가려낼 정도여서, 사람들이 돼지를 앞세워 산속에 숨은 비싼 버섯을 찾기도 해.

돼지의 기름은 비누나 화장품을 만들 때 쓰고, 뼈로는 아교를 만들어. 가죽으로는 가방이나 구두를 만들고, 털로는 붓과 솔을 만들지. 고기는 굽거나 볶거나 쪄서 먹지. 햄, 소시지, 베이컨 따위로 만들어 먹기도 하고 말이야. 단백질과 지방질이 많아 맛이 좋고 영양이 많아. 단, 기생충에 감염되어 있을 수 있으니까 충분히 익혀 먹어야 돼!

복을 부르는 돼지

옛날부터 우리 조상들은 돼지가 재물과 복을 가져온다고 해서 하늘에 올리는 제사 때 바쳤어. 지금도 고사를 지낼 때 돼지머리를 올리곤 해. 그래서 돼지가 십이지 동물 가운데 하나가 된 건지도 몰라.

지금도 돼지꿈을 꾸면 복이 온다고 믿는 사람이 많아. 그래서 저금통도 웃는 돼지 모양이 많지. 옛날에는 장사를 하는 집에서 재물이 많이 들어오기를 바라며 문에 돼지 부적을 붙이기도 했대.

이렇게 돼지가 복을 불러온다고 믿게 된 것은, 돼지가 한 배에서 많은 새끼를 낳는 데다 아무거나 잘 먹고 잘 자라기 때문이야. 이런 돼지를 닮아서 사람도 복되고 생활이 넉넉해지길 바라는 마음이 담겨 있는 거지.

돼지

- **다른 이름** : 냉가리, 대아지, 똘또리, 두애지, 도티 등
- **갈래** : 소목 멧돼짓과
- **사는 곳** : 유럽과 아시아 전역. 멧돼지는 주로 깊은 산속에 산다.
- **먹이** : 쌀겨, 보릿겨, 밀기울, 비지, 음식 찌꺼기 따위를 주로 먹지만, 아무거나 잘 먹는다.
- **번식** : 1년에 두 번, 한 배에 일곱 마리에서 열세 마리쯤 낳는다. 태어난 지 45~60일 지나 몸무게가 12~15킬로그램쯤 되면 젖을 뗀다.

배를 깔고 기어 봐!

배로 기어가서 '배얌'

긴 혀를 날름날름, 몸통은 꿈틀꿈틀, 뱀이 땅바닥에 배를 대고 슬금슬금 기어가.

'뱀'은 옛날에 '배얌' 또는 '배암'이라고 불렸어. 지금도 경상도나 전라도에서는 이렇게 부르기도 해. 이 말이 줄어서 '뱀'이 된 것이지. 그러면 '배얌', 즉 '뱀'이란 이름은 어떻게 해서 생겨났을까?

사실 뱀이라는 이름의 유래는 정확히 밝혀지지 않았어. 추측을 해 보자면 '뱀'은 아마 뱀이 기어가는 모습에서 나온 말일 거야. 사람은 두 발로 걷지만, 뱀은 배를 땅에 대고 스멀스멀 기어가잖아. '배얌'에서 '배'는 바로 배로 기는 모습을 뜻하는 게 아닐까 하는 거지.

큰 먹이도 단숨에 꿀꺽!

알다시피 뱀은 몸이 가늘고 길어. 살갗은 비늘로 덮여 있지. 배의 비늘은 기와 모양으로 뒤쪽을 향해 겹쳐 있어서, 기어갈 때 잘 미끄러지지 않게 해 줘. 비늘은 딱딱해서 늘어나지 않기 때문에, 몸집이 커지면 껍질을 벗어야 돼. 그래서 종종 산길을 가다 보면 바위틈이나 풀숲에 뱀이 벗어 놓은 허물이 보이기도 해.

뱀이 왜 혀를 날름거리는지 아니? 혀를 날름거리면서 냄새도 맡고 소리가 나는 방향을 알아차린대. 뱀은 눈이 굉장히 나쁘거든. 입은 아주 크고 아래턱을 자유로이 움직일 수 있어서, 자기보다 훨씬 큰

먹이도 통째로 삼킬 수 있지.

이는 모두 뾰족하고 안쪽을 향해 나 있어서, 한번 잡은 먹이는 거의

놓치지 않아. 작은 동물을 먹을 때는 보통 입으로 물어 삼키지만, 큰

동물은 몸으로 휘감아 강하게 죄어서 숨 막혀 죽게 한 뒤에 잡아먹지.

하지만 뼈를 구부리거나 부서뜨리지는 않아. 독니로 물어 죽이기는

하지만 말이야.

몸통이 굵고 길며 머리가 둥그스름한 뱀은 대개 독이 없고, 길이가 짧

고 머리가 세모꼴인 뱀은 독이 있으니 조심하도록 해.

뱀 본 새 짖어대듯

뱀이 새를 잡아먹으려고 다가오면 새가 다른 새들에게 위험을 알리고 뱀이 가까이 오지 못하게 하려고 마구 울어 대겠지? 몹시 시끄럽게 떠드는 모양을 빗대어 이르는 말이야.

뱀을 그리고 발까지 단다

뱀에게는 발이 없는데 발을 그려 넣는다고? 이 속담은 쓸데없는 것을 덧붙여서 오히려 못 쓰게 만듦을 빗대어 이르는 말이야. 뱀의 발을 '사족'이라고 하는데, '사족을 달다.'라는 말이 이 속담과 같은 의미야.

뱀의 세상에 난 개구리

북한 속담이야. 개구리를 잡아먹는 뱀이 우글거리는 곳에 태어난 개구리와 같은 신세라는 뜻으로, 늘 기를 못 펴고 살면서 나쁜 일만 당하게 되는 처지를 빗대어 이르는 말이지.

조그만 실뱀이 온 바닷물을 흐린다

못된 사람 하나가 온 집안이나 사회 전체를 망친다는 말이야. 하나라고 얕봤다간 크코다칠 수 있다는 걸 명심해야 돼. 그리고 더 중요한 건, 내가 바로 그 못된 사람이 되지 않는 일일 거야.

뱀

- **다른 이름** : 배얌, 비얌, 진대, 진자이, 대매 등
- **갈래** : 뱀목 뱀과
- **사는 곳** : 온대, 아열대, 연대 지역
- **먹이** : 개구리, 쥐, 새알, 새
- **번식** : 1년에 한 번, 열 개쯤 알을 낳는다. 다른 뱀들과 달리 살모사는 새끼가 배 속에서 부화한 다음 나오는 난태생이다.
- **특성** : 사는 곳의 온도에 따라 체온을 맞추지만, 온대 지방에 사는 뱀은 겨울에 잘 적응하지 못하기 때문에 땅속이나 돌 틈에서 겨울잠을 잔다.

나? 굴에 사는 굵은 뱀!

굴엉이냐 굵엉이냐

우리나라에 사는 뱀 가운데 가장 크지만 독은 없는 게 바로 구렁이야. 움직임이 느리고, 집 근처 돌담이나 지붕에 숨어 있다가 새나 쥐를 잡아먹지. 요즘에는 사람들이 마구 잡아서 수가 많이 줄었어.

그런데 ‘구렁이’는 대체 무슨 뜻일까? 구렁이라는 이름이 어떻게 생겨
났는지에 대해서는 몇 가지 주장이 있어.

우선, 굴에 숨기를 좋아하는 습성 탓에 ‘굴+엉이’로 이름이 만들어졌
다는 거야. 생물 이름에 ‘-ㅇ이’가 붙는 일이 종종 있거든. ‘구렁이’도
그런 이름이라는 거지. 그러니까 ‘굴에 사는 동물’이란 뜻이야. 또는
‘구렁+이’로 보아서 ‘구렁에 사는 동물’이라고도 해.

다른 주장으로는, 다른 뱀보다 훨씬 굵고 큰 구렁이의 모습에서 딴 이
름이라고도 해. ‘굵다’의 ‘굵’에 ‘-엉이’를 붙여서 ‘굵+엉이’라고 부른다
는 거지.

좋은 동물, 안 좋은 동물

먼 옛날 제주 김녕사굴에서는 해마다 처녀를 뱀신에게 제물로 바쳤
대. 그런데 어느 해 제주에 새로 부임한 목사(牧使)가 이 굴의 구렁이
를 없앴다가 구렁이 귀신의 복수로 목숨을 잃었대. 그 뒤부터 이 풍
습이 사라졌다고 해.

또 원주 치악산 상원사에는 한 스님이 구렁이에게 죽게 된 꿩을 살려

주었다가 구렁이의 복수로 목숨을 잃을 위기에 처하자, 꿩이 은혜를 갚기 위해 머리를 종에 부딪쳐 울려서 구렁이를 쫓아내고 스님의 목숨을 구해 주었다는 전설이 있어.

이 밖에도 구렁이가 나오는 이야기가 많이 전해 내려오고 있어. 그중에는 경기도 남한산성에 있는 매화터에 대한 이야기도 있지.

임도령은 홀어머니를 모시고 살고 있었어. 가난했던 임도령은 친척에게 먹을 것을 얻으러 길을 떠났지. 그러다가 남한산성에서 길을 잃었는데, 다행히 초가집을 발견했어. 그곳에는 어여쁜 처녀가 살고 있었지. 임도령은 처녀에게 푸짐한 저녁을 얻어먹고 하룻밤을 묵었어.

집으로 돌아가던 임도령의 머릿속에서는 이 처녀가 떠나질 않았어. 하지만 알고 보니 이 처녀는 500년 묵은 구렁이였고, 임도령과의 인

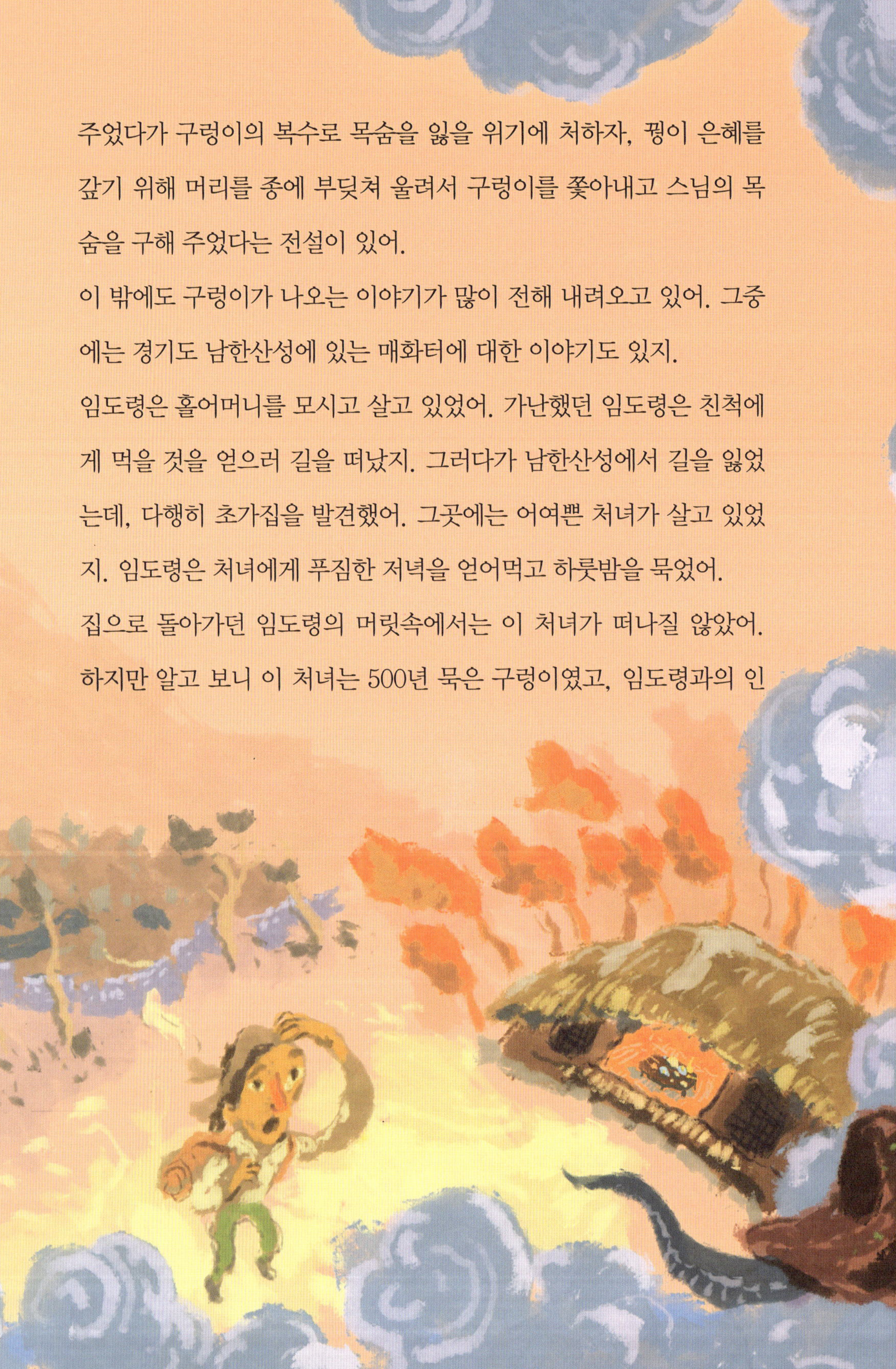

연 덕분에 승천할 수 있게 되었지.

처녀는 하늘로 올라가며 이렇게 말했어.

"제가 하늘로 올라가면 비늘 세 개가 떨어질 것입니다. 훗날 그 자리에 도령님의 묘를 쓰세요. 그러면 자손 중에 유명한 장수가 태어날 것입니다."

정말로 하늘에서는 비늘이 세 개 떨어졌고, 그 비늘은 매화나무가 되었어. 임도령은 나중에 죽어서 그 자리에 묻히게 되는데 병자호란 때 큰 공을 세운 임경업 장군이 바로 임도령의 후손이라고 해.

구렁이 담 넘어가듯

일을 분명하고 깔끔하게 처리하지 않고 슬그머니 얼버무려 버리는 것을 이르는 말이야.

구렁이 아래턱 같다

구렁이 아래턱에 귀중한 구슬이 있다는 얘기에서 비롯된 속담으로, 매우 가치 있고 귀중한 것을 이르는 말이야.

빈 절에 구렁이 모이듯

아무것도 없는 빈 절에 쓸데없이 구렁이가 모여들어 와글거린다는 뜻이야. 어떤 장소에 괜히 여기저기서 모여 우글거리는 모양을 비유적으로 이르는 속담이지.

구렁이

- **다른 이름** : 능구렁이, 구랭이, 능구랭이, 구리 등
- **갈래** : 뱀목 뱀과
- **사는 곳** : 한국, 중국 북부, 러시아 등. 시골집 돌담, 방죽, 밭둑의 돌 틈에서 산다.
- **생김새** : 몸길이는 1.5~1.8미터쯤이고, 몸은 검은 갈색에 작은 점무늬가 흩어져 있다.
- **먹이** : 개구리, 쥐, 새알, 새
- **번식** : 농가의 퇴비 속에 알을 낳기도 하는데, 퇴비가 발효하면서 생기는 열로 알이 깨기도 한다.

나보다 눈 밝은 쥐 봤어?

날아다니는 쥐?

박쥐는 새처럼 날지만 새는 아니야. 어미의 젖을 먹고 자라는 포유동물이지. 박쥐는 포유동물 가운데 유일하게 날아다니는 동물이야.

뒤에 붙은 '쥐'가 뭔지는 아마 다 알 거야. 맞아. 생김새가 쥐를 닮아서 이름에 '쥐'가 붙었어. 그럼 앞에 붙은 '박'은 무슨 뜻일까?

박쥐는 낮에는 동굴 속이나 숲속 나뭇가지에 거꾸로 매달려 있다가 날이 어두워지면 먹이를 잡으러 날아다녀. 주로 곤충을 잡아먹지만, 과일을 먹는 과일박쥐, 꽃에 있는 꿀을 먹는 꽃박쥐, 작은 쥐를 잡아먹는 유령박쥐, 동물의 피를 먹는 흡혈박쥐도 있지.

어쨌든 이렇게 컴컴한 밤에 날아다니면서 먹이를 구하거나 어두운 동굴 속에서도 살려면 눈이 밝아야겠지? 그래서 '눈이 밝은 쥐'라는 뜻으로 이름을 붙였다는 얘기가 있어. '밝쥐→박쥐'가 된 셈이지.

하지만 주로 밤에 살아간다고 해서 생겨난 이름이라는 말도 있어.

'밤쥐→박쥐'로 변했다는거야.

사실 박쥐는 눈이 밝은 게 아니라 초음파를 쏘아서 먹이나 동굴 벽에 부딪쳐 되돌아오는 초음파로 먹이를 찾아내고, 부딪칠 만한 것이 어디 있는지도 알아낸대. 이 초음파는 사람이 들을 수 없는 소리라고 하니, 더 궁금해지지?

고마운 동물, 박쥐

박쥐가 어두운 곳에 살고, 망토 같은 날개로 얼굴을 가린 모습인 탓에 종종 나쁜 꾀를 부리는 사람을 빗대어 박쥐라고 말하기도 해. 혹은 새 같기도 하고 쥐 같기도 한 생김새 때문에 자기에게 이로운 일만을 좇아 여기 붙었다 저기 붙었다 하는 사람도 '박쥐 같다.'고 말해. 하지만 알고 보면 박쥐는 참 고마운 동물이야. 사람에게 해롭거나 농사를 망치는 벌레를 많이 잡아먹거든. 하룻밤에 모기를 6천 마리나 잡아먹는다고 하니 참 대단하지? 박쥐가 사라진 동네에서는 온갖 벌레 때문에 살기가 어렵대.

또 박쥐의 배설물은 고급 비료로 쓰이고, 새처럼 이 꽃 저 꽃 옮겨 다니며 꿀을 빨아먹으면서 어린 꽃이 피도록 돕기도 한대.

박쥐

- **다른 이름** : 박지, 빨쥐, 복쥐, 박주기, 빨쭈 등
- **갈래** : 포유강 박쥐목
- **사는 곳** : 극지방을 제외한 전 세계 동굴이나 나무 구멍 등에 산다.
- **생김새** : 몸은 털로 두껍게 덮여 있고, 귓바퀴와 귀가 복잡하게 발달했다.
- **먹이** : 나방, 모기, 파리, 과일, 꿀
- **번식** : 여름에 새끼를 한두 마리 낳으며, 새끼는 스스로 살 수 있을 때까지 어미젖을 먹고 자란다.
- **특성** : 박쥐는 거의 둥지를 만들지 않는다. 11월이 되면 동굴 속에서 거꾸로 매달린 채 겨울잠을 자는데, 그동안 체온이 주위 온도와 비슷하게 내려간다.

닭이랑 비교하지 마!

날아다니는 닭?

비둘기는 아주 오래전부터 우리나라에서 살아온 텃새야. '구구구' 하고 울지. 공원이나 길가에서도 많이 볼 수 있어서 어떻게 생겼는지 다들 알 거야.

그런데 '비둘기'라는 이름 속에는 어떤 뜻이 숨어 있을까?

옛날에는 비둘기를 '비다리', '비두로기', '비두리', '비달기', '비돌기' 같은 이름으로 불렀어. 이 중 '비두로기'를 줄여 지금 우리가 부르는 '비둘기'가 된 거야.

'비두로기'는 '비+두로+이'나 '비+두로+기'로 쪼갤 수 있어. 여기서 '두로'는 '닭'의 옛말이 변한 거야. 끝에 붙은 '기'는 이름 끝에 붙이는 '이'일 수도 있고, 새를 나타낼 때 종종 붙이는 '기'일 수도 있어. '갈매기'처럼 말이야.

앞에 붙은 '비'의 뜻에 대해서는 여러 주장이 있어, '날아다니는 닭'이라는 의미에서 '날 비(飛)'라는 사람도 있고, '닭이 아닌 새'라는 뜻으로 '아닐 비(非)' 자를 썼다고 하는 사람도 있지.

혹은 비둘기의 날개나 목덜미를 가만히 보면 반짝반짝 빛이 나서 '빛이 나는 닭'이라는 사람도 있어. 이때는 '빛+둘+기'가 되어 '빛이 나는 닭 같은 새'라는 뜻이 되는 거지.

그런데 '비둘기'의 이름에 왜 닭이 들어갔을까? 그건, 우리 조상들이 날개 달린 새를 볼 때면 닭을 맨 먼저 떠올렸기 때문일 거야. 닭은 우리 조상들이 오랜 옛날부터 길러 온 동물이니까.

은혜 갚은 비둘기

옛날에 고개 너머 서당에 다니던 아이가 있었어. 서당에 가는 길에는 비둘기가 알을 품고 있는 곳이 있었지. 아이는 집에서 콩을 가지고 와서 종종 비둘기 모이로 주었어. 시간이 지나면서 비둘기가 많아졌고, 아이가 서당을 오갈 때 따라다니게 되었어.

아이가 커서 청년이 된 어느 날, 개울가에서 빨래를 하고 있는 어여쁜 처녀를 만났어. 청년은 그 처녀와 날마다 마주치면서 가까워졌고 집으로 초대 받게 되었지.

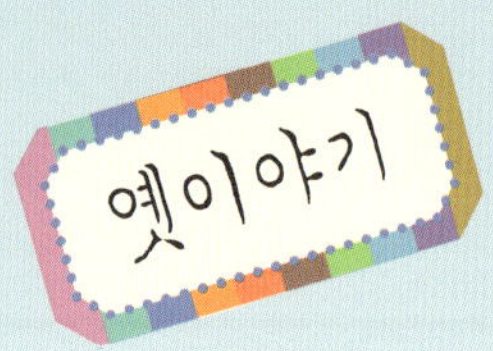

집에는 처녀 혼자밖에 없었어. 저녁을 얻어 먹은 청년은 우연히 바느질을 하려고 실에 침을 묻히던 처녀의 혓바닥을 보게 되었는데, 글쎄 사람의 혓바닥이 아닌 거야! 그래서 처녀 몰래 집에서 도망쳐 나왔지. 그런데 뭔가가 계속 쫓아오지 뭐야. 잡힐까 봐 얼른 달아나고 있는데 갑자기 절에서 종소리가 세 번 울렸어. 그리고 더 이상 아무것도 청년을 쫓아오지 않았지.

알고 보니 그 처녀는 여우였고, 종을 친 것은 비둘기들이었어. 비둘기들은 청년을 구하기 위해 몸을 던져 종을 치고는 다 죽어 버렸지.

충북 보은에 있는 의구비(義鳩碑)는 바로 청년을 구한 비둘기들을 기리기 위해 세운 거야.

글을 전해 주는 새

비둘기는 온 세계에 300여 종쯤 있다고 해. 우리나라에는 양비둘기, 흑비둘기, 염주비둘기, 멧비둘기가 살고 있지. 공원이나 길가에서 흔히 보는 집비둘기는 양비둘기를 길들인 것이야.

멧비둘기는 산이나 들에 살고, 전나무나 소나무 가지에 접시처럼 생긴 둥지를 지어. 반면 집비둘기는 사람과 가까운 지붕 밑에 둥지를 틀기도 하지.

사람들이 비둘기를 기르기 시작한 건 5천 년 전부터라고 해. 비둘기는 먼 곳까지 갔다가도 집으로 잘 돌아와서, 편지를 비둘기 다리에 묶어 보내곤 했대. 그래서 '글을 전해 주는 새'라는 뜻으로 '전서구'라고 부르기도 해.

비둘기

- **다른 이름** : 전서구, 꾸깽이, 비덜기, 삐덜키, 비들키 등
- **갈래** : 비둘기목 비둘깃과
- **사는 곳** : 극지방과 사막을 빼고는 지구상 어디서나 산다.
- **먹이** : 곡식, 열매, 씨앗
- **번식** : 1년에 두 번, 알을 두 개씩 낳는다. 암컷과 수컷이 번갈아가며 14~30일 동안 알을 품는다.

밤을 샜더니 눈이 빼꼼!

정체를 알 수 없는 올빼미

올빼미는 낮에는 자고 밤에는 깨어 있기 때문에, 동물원에서 말고는 직접 본 친구들이 별로 없을 거야. '올빼미'라는 이름도 이런 습성 때문에 붙은 것이라고 해.

옛날에는 올빼미를 '올바미'라고 불렀어. '바'는 밤을 뜻하고, '미'는 동물 이름에 붙이는 '이'이거나 새를 뜻하는 '미'라고 하지. 또는 '바미'가 '밤'을 뜻한다고도 해.

앞에 붙은 '올'이 뭔지는 아무도 몰라. '바'가 밤을 뜻한다면, '올'은 '울다'라는 뜻이라고 생각할 수도 있어. 그러면 '올빼미'는 '밤에 우는 새'가 되겠지. '올'이 올빼미가 우는 소리를 흉내 낸 거라고 말하는 사람도 있어. 아무튼 올빼미는 밤에 움직이는 새라서 붙은 이름이래.

또 다른 이야기로는, 올빼미의 생김새를 보고 이름을 지었다고 해. 올빼미는 밤에도 잘 볼 수 있도록 눈이 크고 둥글어. 그래서 움푹 들어간 눈을 보고 지은 이름이라는 거야. 사람도 피곤하면 눈이 움푹 들어가 보이지? 그런 사람을 보고 '눈이 빼꼼하다.'고 하거든. '올빼미'의 '빼'가 '빼꼼'의 '빼'가 아닐까 하는 거지.

이때 '올'은 새를 뜻하는 말이고, '미'는 눈을 뜻한다는 거야. 이렇게 보면 올빼미는 '눈이 빼꼼한 새'가 되겠네. 하지만 올빼미를 옛날에는 '올바미'라고 불렀던 걸 생각하면 이 의견은 맞지 않는 것 같아.

혹은, 이도 저도 아니고 올빼미가 내는 소리를 따라 지은 이름이라는 말도 있어.

올빼미의 하루

낮에 올빼미를 본 적이 있니? 만약 낮에 보게 된다면, 대부분 나뭇가지 위에서 가만히 앉아 쉬며 졸고 있는 모습일 거야. 때때로 어치나 참새 같은 작은 새들이 찾아와 괴롭히는 시늉을 하기도 하지만, 올빼미는 끄떡도 하지 않고 잠을 잘 잔대. 그러다 밤이 되면 밝은 눈과 귀로 먹이를 찾아다니는 거야.

올빼미는 오른쪽 귀와 왼쪽 귀가 대칭으로 붙어 있지 않고 높이가 달라서, 위에서 나는 소리나 아래에서 나는 소리를 모두 다 잘 들을 수 있다고 해. 또 머리가 완전히 한 바퀴를 다 돌아가기 때문에 사방을 마음대로 볼 수도 있대. 부럽지 않니?

아참, 올빼미는 천연기념물이자 멸종 위기 동물로 지정되어 보호받고 있는 귀한 몸이라는 거 잊지 마.

올빼미와 수리부엉이 구별하기

올빼미와 수리부엉이는 비슷하게 생겨서 헷갈리기 쉬워. 둘을 구별하는 방법을 알려 줄게.

첫째, 수리부엉이가 대체로 더 커. 보통 두 배 가까이 차이가 나지. 올빼미의 크기는 보통 35센티미터이고 수리부엉이는 70센티미터야.

둘째, 올빼미는 귀 주변에 깃이 솟아 있지 않고, 수리부엉이는 귀 주변에 깃이 위로 쫑긋 솟아 있어.

셋째, 올빼미는 사람 사는 곳 가까이나 숲에 살고, 수리부엉이는 암벽이나 바위산에 살아.

올빼미

- **다른 이름** : 옥밤, 옥배미, 구구새, 오빼미 등
- **갈래** : 올빼미목 올빼밋과
- **사는 곳** : 유럽과 아시아 등의 온대 지역. 주로 숲속에 살고,
  마을 가까이에 있는 오래된 나무에 생긴 구멍 속에서도 산다.
- **먹이** : 올빼미는 소리 없이 날아서 먹이를 낚아챈다. 쥐나 작은 새, 곤충 따위를 잘 먹는데, 특히 등줄쥐를 좋아한다. 위가 튼튼해서 먹이를 통째로 삼켜도 탈이 나지 않는다. 소화가 안 되는 털이나 뼈는 도로 토해 낸다.
- **번식** : 이른 봄에 알을 두세 개 낳는다.

다들 조심하라고!

모래처럼 꺼끌꺼끌한 피부

빠밤 빠밤~ 상어가 나타났다!

상어는 커다란 덩치에 무시무시한 이를 가진 바다의 포식자야. 그런
데 '상어'라는 이름은 무슨 뜻일까?

상어 껍질을 만져 본 친구들은 거의 없겠지만, 상어는 피부가 모래처

럼 꺼끌꺼끌해. 그래서 '모래처럼 꺼끌꺼끌한 물고기'라는 뜻으로 '사
어'(모래 사, 물고기 어)가 되었다가 '상어'로 불리게 되었지.

타고난 사냥꾼

상어는 약 3억 5천만 년 전에 지구에 나타난 뒤로 모습이 거의 달라
지지 않았어. 더 나아질 필요가 없을 만큼 타고난 사냥꾼이지.
우선, 몸이 커다랗고 둥글어서 헤엄치기에 아주 좋아. 근육도 잘 발
달했고. 넓적한 가슴지느러미 덕에 부레 없이도 몸을 물에 잘 띄울
수 있어. 상어의 턱 근육은 무엇이든 부숴 버릴 만큼 강한 힘을 지녔

고, 무시무시한 이빨은 무척 날카로워.

코는 몇 백 미터 떨어진 곳에서 나는 약한 냄새도 쉽게 맡을 수 있는데, 특히 피 냄새를 잘 맡아. 눈은 밝지 않지만 망막 뒤에 반사판이 있어서 어두운 곳에서도 잘 볼 수 있고, 물체의 움직임에 매우 빠르게 반응하기 때문에 가까운 거리에 있는 먹이를 잘 잡지. 귀도 아주 예민해서, 멀리서 전해 오는 저주파음을 느껴서 먹이가 어디 있는지 재빨리 알아낼 수 있대.

상어는 또 한 가지 놀라운 감각을 갖고 있어. 콧잔등 아래쪽에 조그만 구멍이 여러 개 뚫려 있는데, 이 기관은 아주 약한 전기까지 느낄

수 있어. 상어는 이 기관을 써서 눈으로 보거나 코로 냄새를 맡지 않고도 숨은 먹이를 쉽게 찾아내지. 모든 생물의 몸속에는 많든 적든 전류가 흐르거든.

마지막으로, 상어는 온몸이 방패 비늘로 덮여 있어. 재미있게도, 상어 피부의 방패 비늘은 구조가 날카로운 상어의 이빨과 똑같아. 어떻게 보면 온몸이 이빨로 덮여 있는 셈이지.

상어의 모든 것

상어 중에는 알을 낳는 것도 있고 새끼를 낳는 것도 있어. 또는 알이 배 속에서 깨어나 새끼가 되어 밖으로 나오는 것도 있지. 알에서 새끼가 깨어나기까지는 반년에서 1년쯤 걸린다고 해. 새끼를 낳는 상어는 한 번에 열 마리쯤 낳는데, 새끼를 낳는 상어가 더 사납다고 알려져 있어.

상어는 대개 성질이 사납고 식성이나 생김새 때문에 사람을 해치는 것으로 많이 알려져 있지만, 사실 그런 상어는 드물어. 오히려 상어는 사람에게 많은 도움을 주고 있지.

상어 고기는 음식으로 먹고, 간은 약에 쓰기도 해. 또 전깃불이 없던

시절에는 상어 기름으로 불을 밝혔어. 옛날에는 꺼끌꺼끌한 상어 가죽을 사포 대신 썼고, 지금은 가죽 제품을 만드는 데 쓰기도 해.

이런 상어 저런 상어

상어는 종류가 무척 많고, 이름도 재미난 게 참 많아. 칠성상어, 괭이상어, 수염상어, 고래상어, 강남상어, 악상어, 톱상어, 환도상어, 두툽상어, 까치상어, 흉상어, 귀상어, 돔발상어, 전자리상어, 별상어, 곱상어… 이 밖에도 상어의 종류는 아주 많아. 그중 몇 가지 상어에 대해 살펴보자.

상어는 커다란 놈들만 있다고 생각하기 쉽지만, 상어마다 크기가 달라. 보통 전체 길이가 2미터를 넘지 않지만, 손바닥만 한 것부터 20미터가 되는 것도 있어. 가장 큰 고래상어는 20미터쯤까지 자라기도 하고, 우리나라에서 가장 작은 상어인 불범상어는 길이가 50센티미터쯤 되지.

곱상어는 기름상어라고도 해. 특히 간에 기름이 많아서, 전기가 없던 옛날에는 상어 간을 솥에 넣고 불을 때서 위에 뜬 기름을 모아 밤에 불을 켰지. 바다에 사는 상어 덕에 뭍에 사는 사람이 어두운 밤을 밝힐 수 있었다니 참 고맙고 신기하지? 참, '곱상어'에서 '곱'은 기름을 뜻하는 토박이말이야. '눈곱'에도 이 말이 들어 있지.

'돔배기'라는 사투리가 있어. 경상남도에서는 도막을 뜻하고, 경상북도에서는 돔발상어를 뜻해.

'돔발'이란 말은 말 그대로

도막, 즉 작은 것을 뜻하니, 돔발상어는 '도막난 것 같은 작은 상어'라고 할 수 있겠지? 요리할 때 쓰는 '도마'도 큰 나무를 도막낸 것이니까 비슷한 뜻이야.

별상어는 몸 옆을 따라 흰 점이 별무리처럼 늘어서 있어서 그렇게 불러. 전라남도에서는 이 흰 점을 보고서 점배기상어라고 부르기도 해. 게를 잘 잡아먹기 때문에 충청남도에서는 게상어라고도 해. 게를 잘 먹어서인지 별상어 고기에서는 게 냄새가 난대. 어쩌면 게상어라는 이름은 별상어가 게를 먹어서가 아니라 게 냄새를 풍겨서 붙은 이름일지도 몰라.

까치상어는 몸이 흰빛을 띠고 그 위에 거무스름한 띠가 줄줄이 있어. 마치 까치처럼 흰색과 검은색이 어우러져 있어서 까치상어라고 부르는 거야.

상어

- **다른 이름** : 사어, 교어, 상에, 사에 등
- **갈래** : 연골어강 악상어목
- **사는 곳** : 전 세계 열대 및 한대 바다
- **생김새** : 몸길이는 1.5센티미터~1.8미터쯤이고, 몸은 검은 갈색에 작은 점무늬가 흩어져 있다.
- **먹이** : 물고기, 오징어, 새우, 거북, 바다표범

무시하지 마, 나도 고래야!

엄청나게 큰 물고기

바다에 사는 고래는 엄청나게 커. 그래서 고래의 한자 이름인 '경어(鯨魚)'도 '큰 물고기'라는 뜻이야. '고래 경(鯨)' 자를 보면, 뜻을 나타내는 '어(魚)' 자와 소리를 나타내는 '경(京)' 자가 붙어 있어. '경(京)' 자는 소리를 나타내면서 동시에 '크다'는 뜻을 담고 있지.

고래는 바다에 살지만 물고기인 어류는 아니야. 새끼를 낳아 젖을 먹여 기르는 포유동물이지. 오늘날 지구상에 살고 있는 가장 큰 포유동물이라고 할 수 있지.

극지방을 비롯해 온 세계 어느 바다에나 사는 고래는 종류가 100가지쯤 되는데, 이빨이 있는 이빨고래와 이빨 대신 수염이 있는 수염고래로 나눌 수 있어.

보통 수염고래가 이빨고래보다 몸집이 커. 돌고래도 이빨고래에 속하지.

몸집이 큰 수염고래는 바닷물을 들이마신 뒤 수염으로 작은 생물이나 새우 따위를 걸러서 먹고, 이빨고래는 물고기나 오징어 따위를 잡아먹고 살아. 이빨고래 가운데 가장 포악한 것으로 알려진 범고래는 물개나 펭귄 같은 것도 잡아먹는데.

그런데 고래의 콧구멍이 머리 위에 있다는 걸 아니? 고래가 숨 쉴 때 들이마신 공기는 허파에 들어가면 따뜻해져서 수증기를 많이 품게 돼. 고래가 숨을 내쉬면서 이 공기를 콧구멍으로 내뿜으면, 수증기를 품은 따뜻한 공기가 밖의 찬 공기와 부딪쳐 작은 물방울이 되어 분수처럼 솟는 거야. 이 내뿜는 숨의 생김새나 크기가 고래마다 달라서, 그 모습을 보고 어떤 고래인지 알 수 있다고 해.

돼지와 고래는 친척?

그렇다면 '돌고래'라는 이름은 어떻게 생겨난 걸까? 돌멩이처럼 단단해서 '돌'고래일까?
'돼지'의 옛말은 '돝'인데, '돌고래'는 바로 이 '돝'과 '고래'가 합쳐진 이

름이야. 즉, '돼지고래'라는 뜻이지. 처음에는 '돝고래'라고 부르다가 소리 내기 쉬운 '돌고래'가 된 거지.

그런데 돼지와 고래는 무슨 상관이 있기에 고래 앞에 돼지가 붙었을까? 몸집이 돼지만 해서 그렇게 불렀던 걸까? 돼지와 고래는 사실 한 조상에서 갈라져 나온 동물들이래. 발굽이 짝수인 동물들인 우제류로부터 진화했다는 거야. 고래는 6천만 년 전쯤에는 바다가 아닌 육지에서 살았고 말이야. 돼지를 뜻하는 '돝'이 '고래' 앞에 붙은 건 아마 이것과 관계가 있지 않을까?

'귀신고래'를 아니?

'귀신고래'는 물 위로 머리를 내밀어 세우고 있다가 귀신처럼 감쪽같이 사라진다고 해서 붙은 이름이야. '쇠고래'라고도 불러.

우리나라에 하나뿐인 태양신 설화 '연오랑 세오녀'에도 나올 만큼 흔했던 귀신고래는 일제 강점기 때부터 마구 잡은 탓에 지금은 멸종 위기에 처했어.

울산에서는 이 고래가 보리를 수확할 무렵 바다에 나타난다고 해서 '보리고래'라고 부른대.

마음 약한 용, 포뢰

'고래'라는 이름에 대한 재미난 이야기가 있어.

옛날에 용에게 자식이 아홉 있었어. 그 가운데 셋째인 포뢰는 유난히 마음이 약했대. 그래서 큰 소리를 듣거나 몸집이 큰 동물을 만나거나 그 그림자만 비쳐도 너무 무서워서 큰 소리로 울었다지. 그런데 그 울음소리가 엄청나게 크고 고왔대.

어느 날 바다에서 고래를 처음 본 포뢰는 그만 너무 놀라서 크게, 아주 크게 울어 버렸어. 그때부터 포뢰는 고래를 보기만 하면 울음소리가 멀리까지 퍼지도록 크게 울곤 했대.

어떤 절에 가면 큰 종이 있지? 해가 바뀔 때마다 서른세 번 치는 보신각종도 있고 말이야. 이런 종 위에는 작은 용이 한 마리 앉아 있어. 우리나라 종에만 있는 거야. 그 옆에는 종을 치는 커다란 물고기 모양의 나무통이 있는데, 이것을 '당'이라고 해.

당에 새긴 물고기는 고래를 뜻하고, 종 위에 올라앉은 작은 용은 바로 포뢰야. 고래를 본 포뢰가 크게, 멀리, 맑게 울라고 종 위에 포뢰를 새겨 놓은 거지. 종소리가 널리 퍼지기를 바라는 마음이 담겨 있어.

그러니까 '고래'는 '포뢰를 두드린다.'는 뜻이라는 거야. 두드린다는 뜻의 '고(敲)'에 '포뢰'의 '뢰'를 붙여 '고뢰'라고 불렀고, 이 말이 변해서 '고래'가 되었다는 이야기지.

고래 싸움에 새우 등 터진다

고래 두 마리가 싸운다고 생각해 봐. 그 엄청난 몸집들이 마구 움직이면서 바닷속이 그야말로 난리가 나겠지? 그 사이에 아무 상관도 없는 새우가 등이 터져 죽고 만다는 얘기야. 강한 자들끼리 싸우는 통에 아무 상관도 없는 약한 자가 중간에 끼어 피해를 입게 되는 상황을 빗대어 이르는 말이지.

고래 그물에 새우가 걸린다

고래를 잡으려고 친 그물에 새우가 걸린다는 말로, 원하던 걸 얻지 못하고 쓸데없는 것만 얻게 된다는 뜻이야. '고기는 안 잡히고 송사리만 잡힌다.'도 같은 뜻의 속담이야.

새우를 잡으려다 고래를 놓친다

새우는 작고 고래는 크잖아. 이 속담은, 보잘것없는 것을 얻으려다가 도리어 큰 것을 놓친다는 뜻이야. 큰일을 이루려면 길게 내다보아야 하는데, 그러지 못하고 눈앞의 작은 일에만 마음을 쓰는 것을 빗댄 북한 속담이야.

잠깐상식

고래

- **다른 이름** : 경어, 경예, 고레사니 등
- **갈래** : 포유강 고래목
- **생김새** : 몸은 유선형이고 머리 꼭대기에 콧구멍이 있다.
  앞다리가 가슴지느러미로 진화했고, 뒷다리는 퇴화했다.
  몸에 털이 거의 없고 두꺼운 피부밑 지방층이 체온을 보호한다.
- **번식** : 따뜻한 바다로 가서 1년에서 1년 반에 한 번씩 새끼 한 마리를 낳는다.

이름이 대체 몇 개야?

명태는 이름 부자

고기 맛은 담백하고 국물을 내면 시원한 맛이 나는 명태. 우리나라 사람들은 옛날부터 명태를 참 좋아했어. 온 세계에서 우리나라 사람만 옛날부터 먹어 왔다는 말이 있을 정도로 말이야.

그래서인지 우리나라에는 명태를 부르는 이름이 참 많아. 지방마다, 나는 철에 따라, 잡는 방법에 따라, 또 잡은 뒤 어떻게 해서 먹느냐에 따라 이름이 다 다르지.

갓 잡은 명태는 '생태'라고 하고, 생태를 통째로 얼린 것은 '동태'라고 불러. 봄에 잡은 명태는 '춘태', 가을에 잡은 건 '추태'라고 해.

바짝 말린 명태는 '북어'라고 불러. 북쪽 바다의 차가운 물을 좋아하는 명태를 남쪽에 사는 사람들은 잡지 못했기 때문에 생태를 볼 수 없었어. 북쪽 지방에서 잡은 명태를 배를 째서 말린 것만 보았지. 그래서 마른 명태를 '북쪽에서 나는 생선'이란 뜻으로 '북어'라고 불렀대.

또, 겨우내 밖에 널어놓아 여러 번 얼었다가 녹았다가 하면서 노랗게 마른 것을 '황태'라고 부르고, 내장과 아가미를 빼내고 반쯤 말린 것을 '코다리'라고 불러.

강원도 앞바다에서 잡은 명태는 '강태'라고 부르고, 그물로 잡으면 '망태', 낚시로 잡으면 '조태'라고 해. 참, 명태의 새끼는 '노가리'라고 부른단다.

이름이 참 많기도 하지? 그만큼 명태는 우리나라 사람들이 즐겨 먹는 생선이야.

이름만큼이나 다양한 명태 요리

명태를 본 적 있니? 40~60센티미터쯤 되는 길이에 등 쪽은 푸른 갈색이고 배 쪽은 흰빛을 띠지. 옆구리에는 검은 갈색 줄무늬가 세로로 두 줄 나 있어. 또 눈과 입이 크고, 아래턱이 위턱보다 길어. 자세히 보면 아래턱에 아주 짧은 수염이 한 가닥 있대. 웃기지 않니?

비린내가 나지 않기 때문에 여러 가지 요리를 하는 데 쓰여. 국, 조림, 찜, 튀김 따위를 해 먹고, 알과 창자는 명란젓, 창란젓을 만들어 먹어. 또 노가리는 어른들이 좋아하는 술안주야.

복을 주는 명태

옛날부터 우리나라 사람들은 명태가 복을 가져오고 나쁜 기운을 물리친다고 믿었어. 그래서 조상님 드시라고 제사상에도 명태를 꼭 올리고, 집안에 복이 깃들라고 대문 문설주에 매달아 두기도 했지.

하지만 이런 명태가 더 이상 우리나라에서는 잡히지 않아. 지구 온난화로 수온이 올라가면서 찬 바다에 사는 명태가 사는 곳이 북쪽으로 옮겨 갔기 때문이야. 참으로 안타까운 일이지.

명태가 된 사연

'명태'라는 이름에는 재미난 이야기가 얽혀 있어.

옛날 함경도 명천에 성이 '태'인 어부가 살았대. 이 사람이 어느 날 처음 보는 물고기를 잡았는데, 이름을 아는 사람이 아무도 없었다지. 이 물고기를 뭐라고 부를까 고민하던 고을 사람들이 지역 이름 명천의 '명'과 고기 잡은 사람의 성인 '태'를 합쳐서 '명태'라고 부르기로 했대.

다른 이야기도 있어. 옛날 함경도 바닷가에서 명태 간으로 기름을 짜 등불을 밝히곤 해서 '밝게 해 주는 물고기'라는 뜻으로 '명태(明太)'라고 불렀다고도 하고, 농사꾼 가운데 잘 먹지 못해서 눈이 보이지 않게 된 사람들이 바닷가에 나가 명태 간을 오래 먹으면 눈이 밝아진다고 해서 붙은 이름이라는 이야기도 있어.

명태 만진 손 씻은 물로 사흘을 국 끓인다

지나치게 박하고 베풀 줄 모르는 사람을 빗대어 조롱하는 말이야. 명태를 넣고 끓인 국도 아니고 명태 만진 손을 씻은 물로 사흘이나 국을 끓이면 어디 국물이 우러나겠어?

명태 대가리 하나는 놀랍지 않아도 괭이 소위가 괘씸하다

없어진 명태가 아깝기보다 훔쳐 간 고양이 짓이 더 밉다는 뜻으로, 입은 손해보다도 그 짓을 저지른 게 더 밉다는 말이야.

북엇값 받으려고 왔나

옛날에는 함경도에서 북어를 만들어 남쪽 지방에 팔려면 동해와 서해를 휘돌아 오느라 오래 걸렸대. 양도 무척 많아서, 가져온 북어를 다 팔려면 대여섯 달은 걸렸다지. 그래서 북어를 싣고 온 사람은 북어를 팔 동네 사람에게 대신 팔아 달라고 맡기고는 값을 받을 때까지 계속 빈둥대곤 했대. 한가하게 낮잠이나 자고 있거나 빈둥대는 사람한테 이런 말을 쓰는 거야.

명태

- **다른 이름** : 동태, 생태, 춘태, 추태, 섣달받이, 은어바지, 북어,
  코다리, 노가리, 황태, 망태, 강태, 조태, 더덕북어 등
- **갈래** : 대구목 대구과
- **사는 곳** : 오호츠크해, 베링해 등 차가운 바다
- **먹이** : 어릴 때는 주로 밤에 물 위로 떠올라서 떠다니는 작은 생물을 먹고, 더 자라면 새우, 작은 게,
  물고기를 잡아먹는다.
- **특성** : 암수가 서로 나뉘어 무리를 지어서 살며, 때로는 서로 잡아먹기도 한다.

어디 한번 날아 볼까?

날아다니는 물고기가 있다고?

물고기가 난다고? 날아다니는 물고기가 정말 있을까?

물론 있지. 바로 날치야. '날치'라는 이름도 '날(날다)+치(물고기를 뜻하는 말)'로 이루어졌어.

그렇다면 날치는 어떻게 날까? 새처럼 날개를 아래위로 파닥거리며 날까? 아니야. 날치는 잠자리처럼 투명하고 빛나는 날개가 있어. 사실은 날개가 아니고 가슴지느러미지만 말이야. 가슴지느러미가 아주 커서 물 위로 날아가기 딱 좋아. 그리고 바람의 저항을 덜 받도록 몸의 형태가 가늘고 길어.

날치는 빠르게 헤엄치다가 꼬리로 물을 힘차게 쳐서 물 위로 2~3미터 뛰어오른 다음, 날개 같은 지느러미를 활짝 펼치고 곧게 날아가.

종이비행기처럼 말이야.

날아갈 때 속도가 시속 50~60킬로미터나 되고, 한 번에 50미터 정도를 날아간다고 해. 최고로 멀리 날아간 기록은 400미터래. 새처럼 훨훨 날지는 못하지만, 날치는 꽤 훌륭한 비행사인 셈이지. 가끔은 날다가 배 위에 툭툭 떨어지기도 해.

날치는 왜 날까?

어떤 동물이든 살아남기 위해 아주 오랜 시간 동안 알맞게 몸을 바꾸어 가. 날치가 나는 까닭도, 참치나 삼치 같은 천적들에게서 재빨리 줄행랑치려고 그러는 거야. 참치나 삼치도 헤엄을 무척 잘 치거든. 그러니까 물속에서는 달아나기 어려워서 날게 되었을 거야.

재미있는 것은, 날치가 다이어트를 하기 위해 난다고도 해. 하지만 다이어트를 하는 까닭도 더 빨리 달아나려고, 더 가볍게 멀리 날기 위해서겠지?

빛을 따라 몰려드는 날치

날치는 우리나라 남쪽 지방이나 일본과 대만의 따뜻한 바다에 살아. 우리나라에는 날치, 새날치, 황날치, 매날치, 제비날치, 상날치가 살고 있지. 봄이 되면 수만 마리가 떼를 지어 제주도와 남해안 가까이 몰려와서 바닷말 밭 속에 알을 1만 5천 개쯤 낳는다고 해.

알을 낳은 뒤 암컷은 그대로 죽어 버린대. 슬픈 일이지? 하지만 지켜 주는 어미가 없는 대신, 낳은 알은 바닷말에 엉겨 붙어서 잘 떨어지지 않는다고 하니 정말 다행이야.

날치는 눈이 큰 편이고 빛을 따라 몰려드는 성질이 있기 때문에, 옛날에는 밤에 횃불을 켜고 잡기도 했대. 지금도 횃불로 잡느냐고? 아니야. 요즘에는 배에 집어등을 걸어 두고 불을 밝혀서 잡아. 한번 보고 싶지 않니?

날치

- **다른 이름** : 문요어, 비어, 야래
- **갈래** : 동갈치목 날칫과
- **사는 곳** : 한국, 대만, 일본 등
- **먹이** : 플랑크톤, 작은 갑각류
- **음식** : 살은 단백질이 많지만 지방이 적어서 퍽퍽하고 맛이 떨어져 우리나라에서는 즐겨 먹지 않는다. 대신 알로 초밥이나 비빔밥을 만들어 먹는다.

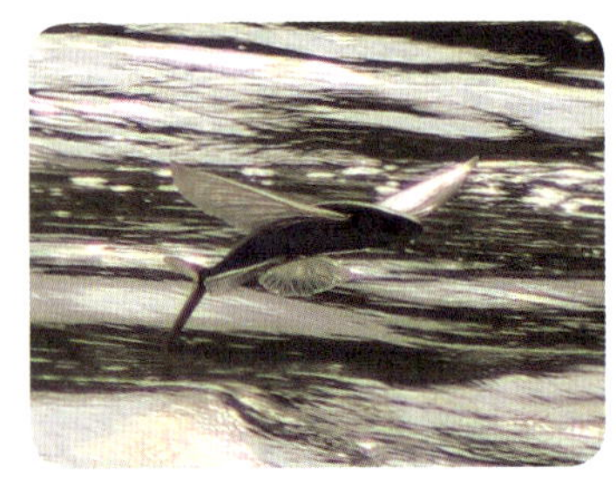

나는야 참 좋은 물고기

맛도 좋고 몸에도 좋아

참치는 먼 바다에 사는 물고기야. 참다랑어라고도 해. '참치'라는 이름이 생기게 된 이유에 대해서는 몇 가지 이야기가 있어.

그중 하나는, 1957년 우리나라의 첫 원양 어선인 지남호를 타고 인도양에 나가서 참치를 처음 잡은 선원들이 '참 좋은 물고기'라는 뜻으로 지었대.

그 전까지는 우리나라에 참치가 없었기 때문에 우리말 이름도 없어서 영어인 '튜나'라고 불렀대. 하지만 처음으로 우리의 원양 어선이 직접 잡아 온 참치를 당시 대통령이 보고 싶어했고, 우리말 이름이 없어서 고심하던 차에 배에 탔던 선원의 아이디어로 '참 좋은 물고기'라는 뜻에서 '참치'라고 이름 붙이게 되었다는 거야.

그러나 이미 그보다 오래전부터 신문에 '참치다랑어'라는 단어가 여러번 등장했기 때문에 정확한 이름의 유래를 알 수는 없다고도 해. 지역에 따라서 참치를 '가다리', '강고등어', '소용치'라고 부르는 곳도 있어. 어쨌든 참치는 맛이 좋고 몸에도 참 좋은 생선이야.

헤엄 선수 참치

참치는 따뜻한 바다에 사는 물고기야. 한 시간에 최대 70킬로미터나 갈 만큼 매우 빠르게 헤엄치지. 몸통이 통통하고 주둥이와 꼬리가 뾰족해서 헤엄치기에 알맞고, 지느러미를 몸속에 넣을 수 있어서 물속에서 무척 빨리 나아갈 수 있어.

참치는 태어나서 죽을 때까지 한 번도 멈추지 않고 헤엄쳐 다녀. 심

지어 잠을 잘 때도 헤엄을 치고 있어. 참치가 계속 헤엄치는 이유는 살기 위해서야. 아가미 근육이 발달해 있지 않기 때문에 숨을 쉬기 위해서는 산소가 풍부한 물이 몸속으로 계속 들어와야 하거든. 그러니 평생 헤엄을 쳐야 하는 거지.

참치를 보호해 줘!

참치는 깊은 바다에서 떼를 지어 사는 큰 물고기로, 길이는 최대 3미터 정도야. 봄, 여름에는 북쪽으로 가고, 가을에는 남쪽으로 오지. 무리 지어 다니는 멸치, 꽁치, 청어 따위를 주로 먹고, 새우나 게, 오징어, 해파리를 먹기도 해. 참치는 오징어 떼나 꽁치 떼를 쫓아서 바닷가 가까이까지 몰려오기도 한대. 사람들은 그 틈을 타 오징어나 꽁치를 미끼로 써서 참치를 잡아. 또는 먼 바다에서 긴 밧줄에 낚시를 달아 잡거나 고기 떼를 커다란 수건 모양의 그물로 둘러싸서 가둔 뒤에 차차 조여서 잡기도 해.

참치는 살이 곱고 맛이 담백해서 좋아하는 사람이 무척 많아. 회나 회덮밥으로 먹기도 하고 통조림으로 된 걸 먹기도 하지. 기름기가 많아지는 12월에서 2월 사이에 잡은 참치가 가장 맛이 좋대.

하지만 참치를 그동안 너무 많이 잡은 탓에 멸종 위기에 처하기도 했어. 그래서 참치를 지키기 위해 지역별로 어획 할당제를 실시하고 있어. 맛있다고 마구 잡으면 안 되는 거야.

참치를 영어로는 '튜나', 일본 말로는 '마구로'라고 해. 우리나라 횟집에 가 보면 '마구로'라고 써 놓은 곳이 많은데 우리말로 '참다랑어'나 '참치'라고 쓰는 게 더 좋겠지?

참치

- **다른 이름** : 다랑어, 참다랑어
- **갈래** : 농어목 고등엇과
- **사는 곳** : 전 세계의 온대 및 열대 바다
- **생김새** : 등 쪽이 검푸르며, 배는 흰색으로 빛난다. 몸통은 굵고 주둥이와 꼬리는 가늘어서 매우 빠르게 헤엄칠 수 있다.
- **번식** : 8월쯤 우리나라 동해에서 알을 낳는다.

내가 좀 잘나긴 했지!

빼어난 물고기

숭어는 옛날부터 제사상에 오를 만큼 맛이 좋은 생선이야. 생김새도 기다랗고 잘생긴 것으로 이름났지. 그래서 이름의 뜻도 '뛰어난 물고기'야. '빼어날 수(秀)' 자를 써서 '수어'라고 부르던 것이 '숭어'가 된 거래. '물 수(水)' 자를 서서 '수어'라고 부르던 것이 '숭어'로 바뀌었다는 말도 있지만 말이야.

우리 선조들은 맛있는 숭어를 참 좋아했어. 그래서 숭어의 맛이나 습성에 따라 생겨난 옛말이 많지. 어떤 것들이 있냐고?

숭어 맛은 철마다 달라. 봄과 겨울에는 맛이 달고, 여름에는 밍밍하니 맛이 없어. 알을 배는 가을에는 기름이 올라서 고소하지.

여름에는 숭어의 몸속 영양분이 빠져나가서 몸에 수분이 많고 흙냄

새가 나거든. 숭어가 갯벌에서 진흙을 먹곤 하기 때문이야. '여름 숭어는 개도 안 먹는다.'는 말은 그래서 생겨난 거야.

여름이 지나 알을 배는 가을하고 겨울엔 맛이 뛰어나고 영양이 넘쳐서 '겨울 숭어 앉았다 나간 자리 뻘만 훔쳐 먹어도 달다.', '숭어 껍질에 밥 싸 먹다가 논 판다.' 같은 말이 생겼지. 얼마나 맛있으면 논까지 팔까?

하지만 옛날부터 즐겨 먹던 숭어는 요즘엔 잘 잡히지 않아서 먹기가 어려워졌어. 사람들이 자꾸 콘크리트로 강가를 덮고 둑을 막아서 강물을 못살게 구니까 숭어 같은 물고기들이 강을 따라 오르지 못하고 죽어서 자꾸 수가 줄어드는 거지. 사람의 뜻대로 자연을 바꿀 때는 깊이 생각하고 꼼꼼히 따져 보고 나서 꼭 필요할 때만 해야 해.

점프 실력이 좋은 숭어

숭어는 몸길이가 보통 60센티미터쯤 되고, 120센티미터 정도까지도 자란대. 눈앞에 콧구멍이 두 쌍 있고, 양턱에는 가느다란 솜털처럼 생긴 이가 한 줄로 돋아 있지. 비늘 가운데에 검은색 반점이 있어서 작은 세로줄이 여럿 있는 것처럼 보이기도 해.

숭어는 떼를 지어 다니는데, 여름에는 가까운 바다나 강 깊숙이 올라
갔다가 겨울에는 먼 바다로 나가는 거야.

점프 실력이 좋아서 물 위 매우 높은 곳까지 뛰어오르는데, 꼬리로
물을 치면서 곧게 뛰어오른대. 내려올 때는 다이빙 선수처럼 몸을 한
번 돌려 머리를 아래로 해서 떨어지지. 어때, 직접 보고 싶지 않니?

숭어 이름은 100가지

숭어는 각 지방마다 부르는 이름이 달라. 대부분 숭어가 자라는 곳에

따라 붙은 이름이지.

강화도에서는 크기에 따라 모치, 동어, 글거지, 애정어, 무근정어 등으로 부르고, 전라남도 무안에서는 1년생부터 6년생까지를 각각 모치, 참동애, 댕가리, 묵시리, 소숭애, 숭애라고 불러. 영산강 하구 쪽에서는 가장 작은 것을 '모쟁이'라 하고 커 가는 순서대로 모치, 무글모치, 댕기리, 목시락, 숭어라고 부르고, 평안도에서는 몇 살을 먹었는지 알 수 없는 크고 늙은 숭어를 '나머레기'라고 부르지.

전남 도리포에서는 가장 큰 것을 '숭어'라고 하고, 그보다 작은 것을 '눈부릅떼기'라고 불러. 크기가 작아서 "너는 숭어도 아니다."라고 했더니 성이 나 눈을 부릅떴다고 해서 이런 이름이 붙었대. 재밌지?

숭어

- **다른 이름** : 수어, 숭에, 숭아, 숭우 등
- **갈래** : 숭어목 숭엇과
- **사는 곳** : 온대와 열대 지방의 바다와 강
- **먹이** : 작은 물고기, 바다 밑바닥에 사는 여러 생물
- **번식** : 가을, 겨울에 가까운 바닷가에 알을 낳는다.
- **특성** : 4∼5년쯤 살다 죽고, 우리나라에서는 영산강에서 많이 잡힌다.

임연수 아저씨, 고마워요!

'횟데기'에서 귀한 생선으로

'임연수어(林延壽魚)'라는 생선을 알고 있니? '이면수'라고 부르는 사람도 많지만 맞는 이름은 임연수어야.

한때 동해 바닷가에 사는 사람들은 임연수어를 꽤나 미워했어. 하찮은 것을 이를 때 쓰는 '데기'를 붙여서 '횟데기'라고 불렀을 정도야.

임연수어가 워낙 먹성이 좋은 데다가 동해 어부들이 가장 귀하게 여기는 노가리(명태 새끼)를 주로 잡아먹었으니 미울 수 밖에 없겠지?

하지만 임연수어는 맛이 좋기로 이름나서 요즘에는 오히려 명태보다 더 귀한 대접을 받게 됐어. 특히 껍질이 두

꺼워서 밥을 싸 먹으면 맛이 아주 좋지. 그래서 '껍질 쌈밥만 먹다가 배 판다.', '임연수어 쌈 싸 먹다가 천석꾼이 망했다.'는 옛말도 생긴 거야. 숭어도 맛이 좋아서 생겨난 말들이 있었지? 논을 팔았다나 어쨌다나.

이면수? 임연수어!

임연수어라는 이름이 생겨난 데에는 재미난 이야기가 얽혀 있어. 옛날 함경북도 어느 바닷가에 임연수라는 어부가 있었는데, 아직 이름이 없었던 어떤 물고기를 참 잘 낚았대. 그래서 그 이름 없는 물고기를 '임연수어'라고 부르게 되었다는 거야. '임연수가 잘 낚는 물고기'라는 뜻이지. '명태'라는 이름이 생겨난 사연과 비슷하지?

다른 이야기도 있는데, 강원도에 사는 임연수라는 부자가 어떤 생선의 껍질을 매우 좋아한 나머지, 그걸 먹느라 재산을 다 썼다는 거야. 그래서 이 생선을 '임연수어'라고 부르게 되었대.
바닷가 가까이에서 잡혀서 '임연수어(臨淵水魚)'가 되었다는 말도 있어.

임연수어를 잡아라

임연수어는 11월부터 이듬해 2월 무렵이 번식기인데, 이 시기가 임연수어를 잡기에 제철이야. 임연수어를 잡을 땐 그물깃을 바다 밑바닥에 닿도록 해서 배로 그물을 끌고 가지. 또는 커다란 수건 모양 그물로 둘러싸서 가둔 뒤 그물을 차차 좁혀서 잡기도 해.

임연수어

- **다른 이름** : 이민수, 찻치, 새치 등
- **갈래** : 쏨뱅이목 쥐노래밋과
- **사는 곳** : 한국, 일본, 알류샨 열도 등. 수온이 낮은 바닷속 암초 지역에 산다.
- **먹이** : 바다 밑바닥에 사는 생물들
- **번식** : 가을, 겨울에 알을 낳는다.

생긴 대로 불러 줘

가시 돋친 동물, 고슴도치

고슴도치를 본 적이 있니? '고슴도치' 하면 가장 먼저 떠오르는 건 아마 뾰족한 가시일 거야. 그래서인지 '고슴도치'라는 이름도 가시와 관계가 있을 거라고 생각하는 사람들이 많아. '고슴도치'라는 이름을 풀어 보면 '가시+돋+이'라는 거야. '고슴'이 '가시'의 옛말이고, '고슴도치'는 '가시가 돋친 동물'이라는 뜻을 가지고 있다는 거지.

하지만 이건 확실치 않아. 고슴도치를 뜻하는 옛말은 '고솜돝'이었어. 이 말에 명사를 만드는 '-이'가 붙어서 '고솜돝이'가 되고 그게 '고슴도치'로 바뀐 거야. '고솜+돝+이'로 풀어 볼 수 있는 거지. 이때 '돝'은 돼지를 뜻하는 말인데, '고솜'은 아직 뜻을 알 수 없다고 해. '가시'를 뜻한다고 하기에는 글자가 달라진 이유를 설명하기가 어렵기 때문이래.

판을 달고 다니는 달팽이

달팽이는 등에 집을 지고 다니지. 옛 사람들은 그걸 판이라고 생각
했나 봐. 그래서 달팽이를 옛날에는 '달판이'라고 불렀어. '판이 달린
이'라는 뜻이야.

달팽이가 하도 느리다 보니 옛날 조상들은 게으른 사람이나 세상 물
정 모르고 천천히 살아가는 사람을 달팽이에 빗대어 빈정대곤 했지.
하지만 요즘은 반대로 많이 느끼고, 깊이 생각하고, 욕심내지 않고
살아가는 사람을 이르기도 해.

노란빛을 띤 노래미

노래미. 이름이 참 재미있지? 노래를 잘해서 노래미일까, 아니면 깜짝깜짝 잘 놀라서 노래미일까?

노래미는 노란빛을 띤 물고기야. 이제 감이 오지? '노란 물고기'라서 '노래미'가 됐다는 거야. 또 다른 이야기도 있어. 역겨운 냄새를 '노린내'라고 하는데, 노린내가 나서 '노래미'라는 이름이 붙었다고도 해.

그런데 노래미를 부르는 다른 이름 중에 '황석반어'라는 것도 있어. 여기서 '황(黃)'은 '누렇다'는 뜻이니, 노란빛 때문에 노래미라 불리는 게 맞나 봐.

붉은 조개, 홍합

홍합을 먹어 본 적 있니? 길쭉한 모양에 껍데기는 까맣고 살은 붉은데, '붉을 홍(紅)' 자에 '대합조개 합(蛤)' 자를 써서, 뜻이 '붉은 조개'야. 해삼과 함께 사람들이 '바다의 보물'이라고 부를 만큼 몸에 좋아.

살이 보드랍고 단맛이 나서, 탕을 끓이면 국물이 무척 시원해.

몸에 좋고 맛도 좋은 홍합. 앞으로는 잘 먹을 거지?

검은 물고기, 가물치

옛날에는 '검다'를 '감다'라고 했어. 몸빛이 검은 가물치를 옛날에는 '감은치'라고 불렀어. 이 말이 시간이 흐르면서 발음하기 쉽게 '가물치'가 된 거야. 그러니까 '가물치'는 '검은 물고기'라는 뜻이야.

고슴도치도 살 친구가 있다

고슴도치는 가시가 돋아 있어서 누구도 가까이 가지 않을 것 같지만 고슴도치에게도 친구가 있듯이 누구나 친하게 사귀고 지낼 친구가 있다는 속담이야.

고슴도치도 제 새끼가 제일 곱다고 한다

부모 눈에는 제 자식이 다 잘나고 귀여워 보인다는 말이야. '고슴도치도 제 자식은 귀하다.'라는 말도 많이 써.

지나가는 달팽이도 밟으면 꿈틀한다

'지렁이도 밟으면 꿈틀한다.'라는 속담과 같은 뜻이야. 아무리 순하고 좋은 사람이라도 너무 못살게 굴면 가만히 있지 않는다는 말이지.

달팽이가 바다를 건너다니

느릿느릿 달팽이가 바다를 건넌다는 게 상상이 되니? 도저히 불가능해 보이지 않아? 이 속담은 말할 거리도 안 될 정도로 불가능한 일이라는 뜻이야.

고슴도치

- **다른 이름** : 고슴돝, 고돔도치, 까시도치, 고심돝, 고슴퇴끼 등
- **갈래** : 고슴도치목 고슴도칫과
- **사는 곳** : 한국을 비롯한 아시아, 유럽, 아프리카 등. 산림 지대, 산지 과수원, 구릉 등에서 산다.
- **생김새** : 몸이 통통하고 네 발은 짧다. 몸길이는 20~25센티미터 정도이며, 몸에 가시털이 나 있다.
- **먹이** : 지렁이나 딱정벌레 등을 먹고, 오이 같은 식물도 먹는다.

달팽이

- **다른 이름** : 산와, 여우, 와우, 골뱅이, 늘팽이 등
- **갈래** : 병안목 달팽잇과
- **사는 곳** : 한국, 일본, 중국 등 온대와 열대 지방. 논밭의 돌 밑, 풀숲에 산다.
- **생김새** : 네 개의 가로무늬가 있고 등에는 껍데기가 있다. 더듬이 두 개와 눈이 있고 살에는 끈적끈적한 점액이 있다. 암수한몸이다.
- **먹이** : 풀이나 나뭇잎

노래미

- **다른 이름** : 노남어, 이어, 황석반어, 놀래미, 조우럭 등
- **갈래** : 쏨뱅이목 쥐놀래밋과
- **사는 곳** : 한국, 일본 등. 바위가 많은 바다 밑바닥에 산다.
- **생김새** : 누런 갈색 몸에 짙은 갈색의 무늬가 있다. 몸은 미꾸라지처럼 가늘고 길며 머리가 뽀족하다.
- **먹이** : 작은 갑각류

홍합

- **다른 이름** : 담채, 담치, 이패, 해폐, 열합, 고양섭 등
- **갈래** : 홍합목 홍합과
- **사는 곳** : 한국, 일본, 중국, 알래스카 등. 바위에 붙어산다.
- **생김새** : 껍데기는 길이 13센티미터 정도이고 검은 갈색이다. 살은 붉다.
- **먹이** : 식물성 플랑크톤

가물치

- **다른 이름** : 뇌어, 동어, 여어, 화두어, 흑례, 흑어, 까물치, 사두치 등
- **갈래** : 농어목 가물칫과
- **사는 곳** : 한국, 일본, 중국 등. 저수지나 물이 흐르지 않는 연못의 물풀이 많은 곳에 산다.
- **생김새** : 몸 전체가 검은빛이다. 몸은 가늘고 긴 편으로, 90센티미터까지 자란다.
- **먹이** : 작은 물고기, 개구리